J. BOUCHER

UN

THÉATRE MODERNE

RECONSTRUCTION
DU
THÉATRE BELLECOUR

NOUVEAU GENRE D'EXPLOITATION

Prix : UN FRANC

A LYON
CHEZ LES PRINCIPAUX LIBRAIRES
1876

UN THÉATRE MODERNE

RECONSTRUCTION

DU

THÉATRE BELLECOUR

J. BOUCHER

UN THÉATRE MODERNE

RECONSTRUCTION DU THÉATRE BELLECOUR

NOUVEAU GENRE D'EXPLOITATION

Prix : UN Franc

A LYON
CHEZ LES PRINCIPAUX LIBRAIRES
1876

La reconstruction de la Salle Bellecour ne serait donc pas une fantaisie artistique de quelques-uns, mais bien un besoin pour Lyon.

Certaines difficultés se présentent cependant à l'esprit, lorsque l'on envisage ce projet.

Bâtir de nouveau une salle sur les anciens plans, tel ne peut pas être le but auquel on doit aspirer.

Certes la Salle Bellecour, œuvre d'un particulier — qu'il est inutile de nommer ici, il est assez connu de tous — était un don grandiose fait à l'art, et ce mot — don — rend exactement la situation que s'était faite le créateur de cette Salle.

Nul en effet, n'ignore qu'un établissement seulement destiné aux concerts, aux conférences, aux représentations extraordinaires, ne peut donner l'intérêt de l'argent qu'il a coûté.

Œuvre d'un particulier, la Salle Bellecour dépassait tout ce qu'on était en droit d'espérer, mais comme salle de réunion attitrée d'une grande ville, elle ne répondait pas à tous les besoins qui peuvent se présenter.

L'édification d'une nouvelle salle ne doit donc pas être l'œuvre d'un seul. A tous il faut demander un concours actif, et nul doute qu'un sentiment légitime d'amour-propre ne pousse la population Lyonnaise à fournir les ressources nécessaires pour construire un monument répondant à toutes les exigences artistiques et digne, en tout point, d'une ville dont la réputation n'est ni Française, ni Européenne, mais bien Universelle.

Le capital voulu pour réaliser un semblable projet est considérable, et si l'on a la pleine confiance de le voir couvert en partie — même à fonds perdus (1) — ne serait on pas plus certain encore de pouvoir le constituer en entier, si l'on était en mesure d'offrir aux souscripteurs un revenu assuré ?

Poser la question, c'est y répondre.

Il convient donc d'étudier l'affaire à ce point de vue et d'établir que, tout en favorisant les arts, on peut faire un placement avantageux.

---

(1) Les diverses réunions qui déjà ont eu lieu à ce sujet ne laissent aucun doute à cet égard.

Une salle de spectacle, de concert, de conférence, un lieu de réunion quelconque enfin, ne peut vivre qu'en ouvrant ses portes au public tous les jours.

Or, que l'on multiplie, autant que possible, les Concerts Populaires ou autres, que l'on appelle, à tour de rôle, les Conférenciers les plus célèbres, il est impossible qu'un établissement qui n'aurait pas d'autre destination puisse donner un revenu suffisant.

Mais si cet établissement, en restant destiné aux concerts et aux conférences, à certains jours et à certaines heures, était organisé pour être le soir une salle de spectacle, ses conditions économiques se trouveraient essentiellement modifiées, et selon le genre, selon l'attrait de son programme, il pourrait donner des résultats financiers qui feraient, d'une situation sans issue, une affaire régulière offrant des chances sérieuses de bénéfice.

Il est vrai qu'entreprendre une affaire de Théâtre, semble toujours téméraire, et, disons le, de nombreux exemples d'insuccès viennent malheureusement justifier ces craintes.

Ouvrir une campagne théâtrale, c'est presque toujours se lancer dans l'inconnu.

Est-ce donc à dire qu'il n'existe pas de moyens pour éloigner de soi les chances défavorables et pour marcher, à coup sûr, dans une voie ordinairement hasardeuse ?

Si.

Ces moyens existent.

Il suffit de les chercher et ils ressortent clairement de l'examen des mœurs, des goûts, des besoins du public, toutes choses dont généralement on se préoccupe fort peu.

Faire du théâtre sans se rendre compte des transformations qui s'opèrent sans cesse dans l'esprit et les habitudes du public ; faire ce qui s'est fait l'année précédente, par ce que cela se fait depuis nombre d'années ; exposer le vatout d'une saison sur la réussite ou la chute d'un artiste ou d'une pièce — n'est-ce pas se livrer de propros déliberé au pur hasard ?

L'étude des situations physiques et morales sur lesquelles doit être basée une affaire de théâtre donnant des garanties absolues de succès, se divise en deux parties d'une égale importance, et ayant trait l'une à la Salle, l'autre à la Scène.

LA SALLE

Si les théâtres ont fait, dans ces dernières années, certains progrès de mise en scène, ils sont restés, sous le rapport du confortable, ce qu'ils étaient il y a vingt ans, il y a trente ans, il y a cinquante ans.

Le gaz, il est vrai, a remplacé les quinquets, mais quel est le café qui n'est pas mieux éclairé que la plupart des salles actuelles ?

Les théâtres sont restés stationnaires, alors que le confortable, prenant de grands développements, devenait pour chacun une habitude et un besoin.

Le Théâtre est un plaisir, un plaisir qui se paie, pourquoi ne pas donner complet ce plaisir au public, qui apporte son argent ?

Un aveugle, sourd, assis dans un fauteuil d'orchestre, dans une stalle de parquet ou de galerie, ne serait-il pas en droit de se croire soumis à un traitement orthopédique ?

On a de si bons fauteuils chez soi que le supplice de la stalle semble dur.

Autrefois on fumait peu et pour ainsi dire en cachette, le tabac était honni, conspué ; aujourd'hui il fait partie de la vie, on a dû compter avec lui dans la construction du nouvel opéra à Paris.

Pourquoi priver le public d'un plaisir, d'un besoin ? l'étouffement, dira-t-on, produit dans la salle par la fumée. C'est une question d'architecture qui est résolue d'une façon préremptoire dans tous les théâtres où il est permis de fumer, depuis l'Opéra de Lisbonne, jusqu'au plus humble des *eccentric performance.*

Rien n'empêcherait d'ailleurs, — il serait même bon — de réserver dans la semaine, pour un certain public, une ou deux soirées pendant lesquelles il serait interdit de fumer. Cette interdiction s'étendrait de droit aux représentations extraordinaires dont il sera parlé plus loin.

Le tabac n'était pas seul autrefois à jouir d'une exécrable réputation. Les cafés étaient enveloppés dans la même réprobation.

La génération actuelle qui, sans penser à mal, entre dans un café, y prend un bock et y fume un cigare, ne se doute pas que la génération précédente a entendu prêcher que le tabac et l'estaminet — on disait alors estaminet, comme terme bien plus méprisant — conduisaient directement à l'échafaud.

Non-seulement la génération actuelle ne prend pas ainsi les choses au tragique, mais ses aînés ont oublié les sermons paternels.

Quelle a été la cause de cette révolution ? c'est certainement la bière. La bière, presque inconnue il y a trente ans, est venu remplacer, dans des proportions inouies, le traditionnel verre d'eau sucrée et la bavaroise de nos jeunes années.

Comme le cigare, elle est devenue pour beaucoup un besoin presqu'inéluctable. Pourquoi priver le public d'une chose qui lui plaît ainsi? — Pourquoi se priver soi-même d'une partie de ce public, qui ne se dérangera pas, si l'on ne joint pas au spectacle qu'on lui offre, le moyen de ne pas se départir de ses habitudes?

Est-ce à dire qu'il soit ici question de faire un Café-Concert dans lequel on vienne s'asseoir à une table et ou le : — *Messieurs, renouvelez la consommation,* — soit de rigueur? — Non certes. — Tel est loin d'être le but que l'on se propose.

Il s'agit au contraire d'un Théâtre, d'un vrai Théâtre, mais d'un Théâtre remplissant toutes les conditions voulues d'élégance, de confortable, de bien-être et donnant satisfaction entière aux goûts et aux habitudes de chacun.

La salle doit être un lieu de réunion, un salon ou il est permis de fumer, un club ou les femmes sont reçues.

Pour répondre à ces exigences, la distribution devrait en être à peu près la suivante :

Au rez-de-chaussée des avant-scènes, des baignoires, et des fauteuils, mais des fauteuils larges, espacés, confortables, et permettant une circulation facile.

Derrière ces fauteuils, un rang de petites loges découvertes, dont les séparations ne devraient pas avoir plus d'un mètre d'élévation, de façon à ne pas masquer la vue.

Derrière ces petites loges, un grand espace, couvert par la première galerie, et meublé en salon, avec un tapis épais et des canapés, fauteuils, chaises, poufs, glaces, etc., etc.

De chaque côté de ce salon, des *Bars* anglais, donnant des consommations, semblables à celles des meilleurs cafés de la Ville et aux mêmes prix (1).

---

(1) Donner des consommations de premier choix, sans augmenter les prix usuels, est une nécessité qui s'impose. Il est d'usage, dans les buvettes des théâtres, de n'offrir au public que des rafraîchissements, la plupart du temps imbuvables, ou alors très-chers. — Pourquoi? — Qu'il y a loin de cette routine qui éloigne le consommateur, à l'idée pratique de STRANGE, l'ancien

Le tapis s'étendrait également sous les fauteuils et dans les couloirs qui vont aux loges, afin d'étouffer le le bruit des pas dans les allées et venues des fauteuils au salon, du salon aux loges et réciproquement.

Il faut que chaque spectateur sache bien qu'il n'est pas tenu de rester assis à la même place pendant toute une soirée, et que le sachant, il ne soit pas gêné et ne gêne pas par le bruit de ses évolutions.

Aux premières, même répétition qu'au rez-de-chaussée, sauf que les petites loges de face seraient remplacées par un certain nombre de rangs de fauteuils gagnant sur le salon, qui serait ainsi plus petit et n'aurait qu'un seul *Bar* dans le fond.

Aux secondes et aux troisièmes, suppression presque entière des salons, remplacés par des rangées de banquettes, réserve faite seulement, de l'espace nécessaire pour le *Bar* à chacun de ces étages.

Le plafond, — d'un nouveau système, — répondrait à de triples exigences. Laissant à volonté, pénétrer

---

directeur de l'Alhambra de Londres, qui, outre l'excellence de tous les produits vendus dans les *Bars* de son théâtre, avait, en plus, le monopole d'un *stout d*'une qualité supérieure à toutes les bières débitées dans les *public-house* de la Ville.

dans la salle la lumière du jour, pour les matinées musicales, les conférences, les réunions de toutes sortes données dans la journée ; il reprendrait le soir l'aspect d'un plafond ordinaire de Théâtre, pour disparaître entièrement l'été pendant les grandes chaleurs, ce qui permettrait de donner des représentations pour ainsi dire en plein air (1).

Le vestibule d'entrée, le contrôle, l'escalier des premières devraient avoir l'aspect d'une serre.

Le tout — salle, salons, vestibule, escaliers, — éclairé à *giorno* par les nouveaux appareils à gaz, qui permettent de donner une lumière beaucoup plus vive que la lumière actuelle, et cela en réalisant une économie notable sur la quantité de mètres employés.

De vastes urinoirs établis dans le sous-sol, ainsi que cela existe dans les théâtres anglais, permettraient aux spectateurs d'éviter les sorties à la rue par les temps de pluie, de neige et de froid.

---

(1) La manœuvre de l'ouverture ou de la fermeture de ce plafond, peut être faite par deux hommes et demande deux minutes et demie.

Beaucoup de détails sont omis dans ce plan d'ensemble, l'intention étant seulement de donner ici une idée générale de ce que doit être, de nos jours, une salle de théâtre.

Il convient maintenant d'étudier le genre de spectacle qui peut convenir à une salle ainsi conçue.

LA SCÈNE

E même que pour ce qui concerne la salle, on a dû se rendre compte de ce que pouvaient être aujourd'hui, pour le confortable, les exigences légitimes d'un public que l'on veut attirer, de même, pour la scène, doit-on chercher quels sont ses goûts et ses tendances artistiques.

Quel doit donc être le genre à exploiter ?

Tous et aucuns.

Doit-on essayer de faire concurrence au Grand-Théâtre avec l'Opéra, aux Célestins avec la Comédie ?

Dans certains cas ?
Oui.
Comme règle ?
Non.

Le genre à exploiter, c'est celui qui plaît au public.

Cet aphorisme naïf et profondément vrai cependant, doit être la base immuable de l'entreprise, et si la formule est des plus simples, sa mise en pratique demande une attention soutenue, une étude constante, journalière de l'opinion publique et, en quelque sorte, un travail d'assimilation qui fasse que le spectacle donné se trouve toujours répondre au goût prédominant du moment.

Les moralistes peuvent en gémir, mais il est un fait certain, c'est que l'époque actuelle n'est ni tragique, ni romantique, ni même réaliste — comme elle l'était il y a quelques années, alors qu'elle se passionnait pour les pièces de Dumas fils. — Elle est maintenant curieuse d'imprévu et, — un néologisme est ici nécessaire, — elle est *misenscénique*.

Ceci ressort clairement des faits.

Elle est misenscénique?

En effet, l'engouement de la foule pour les spectacles qui renferment tant soit peu de mise en scène n'a pu échapper à personne. Son oreille a pu s'habituer à tout ce que le grand art a produit, mais ses yeux, vierges encore, sont avides de voir.

Elle est curieuse d'imprévu?

Ne la voit-on pas se porter à tous les spectacles excentriques, depuis l'innocente *Malle des Indes*, jusqu'à la terrible *Cage de Bidel!* Or, quelle mine inépuisable à exploiter que l'excentricité jointe à la mise en scène!

Le mot excentricité, qui est la traduction littérale du mot anglais « *eccentricity*, » ne rend pas, en français, le sens attaché à ce mot par nos voisins et qu'il convient de lui donner ici.

La *Malle des Indes* et la *Cage de Bidel* sont des « *eccentricity*, » mais TAMBERLICK ou FAVART de passage sont également des « *eccentricity*, » et aussi la Messe de VERDI qui, elle, est une « *great eccentricity*. »

On le voit, il y a de la marge dans les excentricités et de quoi entretenir la curiosité du public dans une surexcitation constante.

Il ne faudrait pas conclure de ce qui précède que le théâtre, dont il est question, dût se limiter absolument à charmer les yeux sans se départir, en aucun cas, de cette ligne de conduite.

Loin de là.

Ce théâtre doit avant tout être éclectique.

Il doit être prêt à jouer le *Cid* ou *Athalie*, si l'esprit du public est tourné vers *Athalie* ou le *Cid*.

Il doit être prêt à donner les *Huguenots*, si l'occasion se présente pour lui d'avoir des chanteurs supérieurs à ceux du Grand-Théâtre.

Il doit être prêt à recevoir Coquelin, si Coquelin peut disposer d'une soirée pour Lyon.

Il doit être le premier à donner la traduction d'une œuvre magistrale qui se produit à l'étranger, comme l'*Aïda* de Verdi, par exemple, qui, déjà jouée avec un succès énorme sur presque toutes les scènes de l'Europe, est encore inconnue en France.

La gestion d'un théâtre ainsi organisé ne ressemble en rien à celle des théâtres ordinaires, c'est une administration toute spéciale, qui demande des aptitudes toutes particulières.

A l'encontre des théâtres ordinaires qui ont une troupe et qui, dans la saison, ne donnent que des reprises et quelquefois pas même une PREMIÈRE, il faut, sans troupe, ne donner que des PREMIÈRES.

Je dis sans troupe, car en dehors de l'orchestre, des chœurs, de quelques artistes pouvant chanter l'opérette, — nécessaires pour gagner du temps et boucher des trous dans les spectacles coupés, — et du ballet indispensable pour accompagner la mise en scène et donner lieu à l'exhibition des grands trucs, aucun engagement de durée n'est fait.

Mais avec l'orchestre, les chœurs et le ballet à poste fixe, tout devient possible, depuis l'exécution du *Messie* de HÆNDEL ou du *Roméo* de BERLIOZ, jusqu'à l'exhibition du *Tour du monde* de JULES VERNE; depuis le *Fidélio* de BEETHOVEN jusqu'aux drames à grand spectacle tels que, et pour n'en citer qu'un, la *Jeunesse du roi Henri*, avec ses ballets, sa chasse à courre et sa curée aux flambeaux.

Rien ne s'opposerait donc à ce que après une série de représentations entièrement consacrées à la fantaisie et à l'excentricité, dans le vrai sens du mot, on offrît au public des spectacles d'un grand intérêt, soit musical, soit dramatique, soit littéraire, soit même scientifique.

La science, en effet, ne doit pas être exclue d'un cadre qui doit renfermer toutes les attractions.

Le spectacle scientifique a d'ailleurs fait ses preuves en mainte occasion; on peut citer comme exemple le succès obtenu pendant tout un hiver à Paris, et ensuite à Bruxelles, par Fossier et ses vues chromatiques expliquant la marche des mondes, la formation du globe, la naissance de la vie à sa surface, l'apparition de l'homme, etc., etc.

Or, si l'*eccentricity* donne des ressources presque illimitées, la science n'offre-t-elle pas un vaste terrain d'exploitation?

Niera-t-on par exemple, qu'il y aurait un intérêt archéologique très-puissant dans la résurrection des anciennes civilisations indiennes, égyptiennes et mexicaines?

Si *Ebers, Gustave Flaubert, Théophile Gautier,* avec les seules ressources du style, — style splendide il est vrai, — sont arrivés à transporter leurs lecteurs en pleine antiquité, à les identifier avec les mœurs et les coutumes du temps, à les faire vivre en quelque sorte de la vie de l'époque, à quels effets ne pourrait-on pas arriver en joignant au récit toutes les ressources de la mise en scène?

Nous possédons des documents authentiques qui nous permettent de reconstituer ces civilisations pour ainsi dire préhistoriques. Il n'est pas douteux qu'une série de tableaux représentant les *Palais de Palenqué* (Mexique), les *Grottes sculptées d'Ellora* (1) et les *Temples d'Eléphanta* (Indes), les splendeurs de *Karnak, Philae, Edfou, Ibsamboul* (Egypte), et le charme incomparable de l'*Acropole d'Athènes*, ne piquent la curiosité du public.,

---

(1) Ou Elora (*Bouillet*).

Avec les ressources de personnel dont on disposerait, on serait à même d'ajouter à la reproduction exacte des monuments, la reconstitution du costume et de la vie publique de ces temps si peu connus, et qui cependant mériteraient tant de l'être. Ce serait le tableau vivant, mais non pas le tableau vivant de Nicholson *judge and jury,* ni même le tableau vivant artistique des frères Clerc, mais le tableau vivant, animé, exact, d'un siècle, d'une époque.

On peut dans cette voie trouver des ressources infinies.

A coup sûr, les personnes habituées aux administrations théâtrales ordinaires taxeront d'impossibilité ce plan tout à fait en dehors des usages adoptés. Mais les raisonnements de ceux qui ont voyagé et vu, et, surtout, l'empressement du public à se rendre à des spectacles toujours intéressants, nouveaux et souvent instructifs et grandioses, les convaincront vite de la vitalité de ce système.

A propos du Ballet dont il vient d'être parlé plus haut, et qui est appelé à jouer un rôle important dans une exploitation de cette sorte, on prétend que le public Lyonnais goûte peu ce genre de spectacle. Avant de faire passer cette opinion en axiome, peut-être serait-il bon de bien préciser la question.

Certes si par ce mot, Ballet, on n'entend que le ballet d'action, où la danse n'entre que pour une part souvent minime et où la pantomime tient la première place, il n'est pas douteux que le ballet soit un spectacle peu attrayant.

La pantomime est un art, un art peut-être plus difficile à exercer que l'art dramatique et qui demande des interprêtes comme les *Evans,* les *Paul Legrand,* les *Débureau,* les *Chiarini.*

Ces artistes mimes, jouent réellement les uns — *Evans, Débureau,* — la comédie ; les autres — *Paul Legrand, Chiarini,* — le drame ; mais la pantomime de convention des ballets est simplement absurde et ridicule.

On conçoit donc sans peine, que le ballet d'action ait peu de partisans. Mais à côté du ballet d'action, il y a le *Divertissement*, c'est à dire une série non interrompue d'*adages*, de *pas*, de *balabilés* présentés dans un certain ordre et qui, si le maître de ballet est à la hauteur de sa tâche, doivent captiver sans relâche l'attention du spectateur.

Mettre en scène un beau Divertissement n'est pas une affaire de minime importance, car toutes les ressources dont dispose l'art théâtral doivent être employées afin de former un tout complet. Décors, costumes, trucs, lumière électrique, accessoires, sont aussi indispensables qu'une Première danseuse Etoile, un Corps de ballet flattant l'œil, ou un Chef d'orchestre sachant enlever ses musiciens et chauffer la fin d'un pas ou d'un ensemble.

C'est l'Alhambra de Londres qui a certainement monté les plus beaux Divertissements que l'on ait vus. N'est-il pas présumable que si l'on en mettait en scène ici de semblables, le public Lyonnais leur ferait le même acceuil que le public Anglais ?

En tous cas, l'expérience mérite d'être faite. Si après avoir vu un ou plusieurs Divertissements ainsi montés, le public manifestait son indifférence, la question serait définitivement jugée, mais jusque-là elle doit être réservée.

Comme ce qui a été dit plus haut, relativement à la Salle, tout ce qui vient d'être dit au sujet de la Scène n'est qu'une esquisse à grands traits, dans laquelle les détails ont également été retranchés, afin de ne pas fatiguer l'attention outre mesure.

Cependant, de cette étude sommaire il se dégage un fait indéniable, c'est que le théâtre, tel qu'il est aujourd'hui, ne répond ni aux exigences de confortable, ni aux goûts prédominants du public, et qu'il y a à créer ce que l'on peut appeler le THÉATRE MODERNE, c'est-à-dire le théâtre dans lequel tout soit si bien prévu de ce qui peut être utile ou agréable au public, que l'on doive arriver forcément à attirer non seulement ceux qui vont au théâtre quand même, mais aussi une grande partie de ceux, — et ils sont nombreux, — qui n'y vont pas ;

Les uns, parce qu'ils y sont mal assis ;

D'autres, parce qu'ils ont besoin de mouvement et ne peuvent se résoudre à une immobilité prolongée ;

Certains, parce qu'ils ne peuvent rester aussi longtemps sans fumer, et qu'il leur en coûte d'allumer un cigare dans un entr'acte pour le jeter après cinq minutes ;

Beaucoup, parce qu'ils vont dans les brasseries boire de la bière ;

Et le plus grand nombre enfin, parce que cela coûte trop cher.

Là est surtout le grand point : Le Bon marché.

Il ne faut pas que ce Théâtre si confortable, que ce spectacle si attrayant, ne soient régulièrement accessibles qu'à un petit nombre.

Certes, quels que soient les prix, la curiosité aidant, tous y viendraient. Mais combien, les prix étant trop élevés, n'y feraient que de rares apparitions, effrayés par la somme à débourser d'un seul coup, qui ne regarderaient pas à y venir souvent, — très-souvent même, — si le prix d'entrée était relativement minime !

Tel payera difficilement 5 francs en une fois, qui donnera, sans y penser, cinq fois 2 francs, sans compter ce qu'il donnera encore aux *Bars*, s'il y trouve de la bière meilleure que celle de telle ou telle brasserie, des glaces mieux faites, des rafraîchissements mieux servis.

En résumé, trois points :

1º Prix d'entrée peu élevés.

2º Confortable dans toutes les acceptions du mot : Fauteuils larges, espacés ; Circulation libre et facile ; Salons de repos et *Bars* à chaque étage.

3º Grand luxe de mise en scène et variété infinie dans le spectacle, comprenant tous les genres : Opéra, Pantomime, Oratorio, Ballet, Conférence, Opérette, Drame, Féerie, en un mot toutes les manifestations de l'art, compatibles avec le cadre du Théâtre.

Dans ces conditions, le succès ne saurait être douteux, et une affaire de théâtre ainsi montée peut compter parmi les spéculations les plus sûres et les plus productives.

Cet exposé pourrait être développé plus amplement, mais il serait alors nécessaire d'entrer dans des questions pratiques d'administration, qui n'offriraient d'intérêt que pour les initiés aux choses de la scène.

Tel qu'il est, si l'on a atteint le but que l'on se proposait, il suffit à faire saisir l'intérêt artistique et en même temps financier, qu'il y aurait à créer une salle qui, tout en étant salle de concert, salle de conférence et salle de réunion, serait également salle de spectacle, et, répondant ainsi à toutes les exigences, assurerait un revenu rémunérateur au capital employé (1).

---

(1) Certains avantages personnels pourraient également être accordés aux fondateurs. Toute souscription, par exemple, dépassant un chiffre à déterminer, donnerait droit à une entrée à vie, ainsi que cela s'est fait dans plusieurs occasions semblables.

Lyon.— Imp. du Salut Public.— Bellon, r. de Lyon, 33.

www.ingramcontent.com/pod-product-compliance
Lightning Source LLC
Chambersburg PA
CBHW060620050426